Hallo! Ich bin Anoki.
Für jede Seite, die du fertig hast,
malst du eine Wolke aus.

2

3 4 5

6 7 8

9 10 11 12 13 14

15 16 17 18 19 21 22

23 24 25 26/27 28 31

32 33 34 35 36

40/41 42/43 44/45 46 47 48 49

50/51 52/53 54/55

▶ In jeder Reihe ist ein Wort doppelt.
Lies genau und streiche es durch.

Ananas Birne Apfel Zitrone Kürbis Banane ~~Birne~~ Trauben Orange

Kohlrabi Gurke Tomate Kartoffel Bohne Erbse Paprika Bohne Karotte

Kuchen Brot Brötchen Toast Muffins Brot Torte Brezel Kekse

Salami Würstchen Schinken Steak Gulasch Speck Steak Schnitzel

Jogurt Milch Käse Quark Sahne Pudding Eis Käse Margarine

Schokolade Bonbon Gummibärchen Kaugummi Kaugummi Lutscher

Pizza Pommes Döner Hähnchen Nudeln Pommes Currywurst

Cola Limonade Saft Kakao Tee Wasser Milch Eistee Schorle Saft

▶ Welche Tiere kommen vor? Lies genau und zähle.

Schwein Hund Kuh Hahn Katze Pferd Maus Schaf

Katze Schaf Hahn Pferd Maus Maus Schwein Kuh

Maus Maus Katze Kuh Schaf Pferd Schwein Kuh

Hund Schwein Katze Kuh Hahn Pferd Schwein Kuh

Schaf Pferd Maus Schwein Kuh Pferd Schwein Hund

Hahn Schwein Katze Hund Schaf Maus Hahn Pferd

8 Schweine

▶ Welches Wort passt nicht in die Reihe? Streiche es durch.

Apfel	Banane	~~Gurke~~	Himbeere	Kirsche
Hund	Maus	Elefant	Rose	Tiger
Hose	Jacke	Socken	Pullover	Handtuch
Motorrad	Auto	Bus	Fahrrad	Schiff
Februar	Frühling	Juli	September	Mai
Tante	Oma	Bruder	Lehrerin	Papa
Schrank	Sofa	Sessel	Hocker	Stuhl
Rutsche	Schaukel	Nuss	Wippe	Sandkasten

▶ Welches Wort passt nicht? Streiche es durch.

blau	groß	braun	grün	rot
rennen	turnen	tanzen	springen	singen
Brot	Gurke	Auto	Schokolade	Apfel
Milch	Tee	Wasser	Saft	Salami
schwimmen	baden	kochen	planschen	tauchen
Stühle	Beine	Hände	Füße	Arme
Teller	Radio	Schüssel	Topf	Tasse
Tafel	Lehrer	Heft	Kreide	Traktor

▶ Welcher Satz stimmt? Markiere.

Nachts fährt das Auto mit Licht.	Z
Nachts fährt das Auge mit Licht.	S
Die Raupe verwandelt sich in eine Schokolade.	U
Die Raupe verwandelt sich in einen Schmetterling.	E
Bei Regen reiten Wassertropfen auf einem Schimmel.	D
Bei Regen fallen Wassertropfen vom Himmel.	B
Ein Pferd galoppiert mit Reiterin über die Wiese.	R
Ein Pferd spielt gern Ball mit einem Riesen.	B
Im Sommer schlafen alle Menschen auf der Welt.	E
Im Sommer schlafe ich in meinem schönen Zelt.	A

Lösungswort: Z ___ ___ ___ ___

▶ Welcher Satz stimmt? Markiere.

Im Meer schwimmen die Fische auf einem Schwamm. T
Im Meer schwimmen die Fische im Schwarm. L

Mit Nadel und Faden kannst du krähen. O
Mit Nadel und Faden kannst du nähen. A

Im Winter bauen die Kinder einen Schneemann. M
Im Winter bauen die Kinder eine Wasserfrau. H

Der Bauer flitzt mit dem Tretboot über den Fluss. M
Der Bauer fährt mit dem Trecker über das Feld. P

Zum Computer gehören Bildschirm und Tastatur. E
Der Computer gewinnt bei der Tombola einen Hut. A

Lösungswort: ___ ___ ___ ___ ___

▶ Verbinde.

Was schmeckt sauer und ist gelb?	Banane
Was ist orange, rund und lecker?	Kaktus
Was hat Dornen und steht in der Wüste?	Zitrone
Was funkelt in der Nacht am Himmel?	Sterne
Was ist gelb und krumm?	Orange

Was besteht aus Papier und hat viele Seiten?	Klavier
Was hat vier Beine und schwarz-weiße Streifen?	Pinguin
Was ist groß und hat schwarz-weiße Tasten?	Radio
Was ist schwarz-weiß und lebt in der Antarktis?	Zebra
Was macht Musik und braucht Strom?	Buch

▶ Verbinde.

Was ist nass und kommt aus den Wolken?	Sonne
Was ist warm und steht am Himmel?	Glas
Was kommt aus der Leitung und macht nass?	Wasser
Was ist durchsichtig und zerbrechlich?	Regen
Was ist kalt, weiß und nass?	Schnee

Wer ist lustig und tritt im Zirkus auf?	Spinne
Was sticht und stellt Honig her?	Schlange
Was ist gefährlich und schwimmt im Meer?	Clown
Was ist oft giftig und hat keine Beine?	Hai
Was hat acht Beine und webt Netze?	Biene

▶ Was stimmt? Kreuze an.

	ja	nein
Der Fisch hat einen langen Hals.	☐	☒
Der Elefant hat einen langen Rüssel.	☐	☐
Der Hase hat Schuppen und Flossen.	☐	☐
Die Giraffe hat einen kurzen Hals.	☐	☐
Die Biene hat einen spitzen Stachel.	☐	☐
Die Maus hat zwei bunte Flügel.	☐	☐
Der Schmetterling hat eine spitze Nase.	☐	☐
Der Bär hat ein weiches Fell.	☐	☐
Der Igel hat viele spitze Stacheln.	☐	☐

▶ Was stimmt? Kreuze an.

	ja	nein
Ein Baum hat Rinde und Blätter.	☐	☐
Ein Haus hat Reifen und Sitze.	☐	☐
Ein Auto hat Wolle und Faden.	☐	☐
Ein Kaktus hat Blüten und Dornen.	☐	☐
Ein Mensch hat Arme und Beine.	☐	☐
Ein Fahrrad hat Blumen und Gras.	☐	☐
Eine Wiese hat Mond und Sterne.	☐	☐
Eine Schule hat Zimmer und Lehrer.	☐	☐
Ein Buch hat Seiten und Schokolade.	☐	☐

▶ Was ist es? Kreuze an.

Fast alle Menschen haben sie.
Es gibt sie in vielen Farben.
Man kann sie zu Zöpfen flechten.

☐ die Hände ☐ die Augen ☐ die Haare

Er blüht im Frühling.
Im Sommer ist er grün.
Im Herbst färben sich seine Blätter bunt und fallen herab.
Im Winter liegt Schnee auf seinen kahlen Ästen.

☐ ein Buch ☐ ein Baum ☐ ein Bach

▶ Was ist es? Kreuze an.

Sie bewegt sich ganz langsam vorwärts.
Ihr Haus hat sie immer auf dem Rücken dabei.
Sie frisst gerne Salat und Grünzeug.

☐ die Socke ☐ die Schnecke ☐ die Schere

Sie lebt im Haus bei den Menschen.
Gerne liegt sie gemütlich am Ofen oder in der Sonne.
Sie hat ein weiches Fell.
Am liebsten jagt sie Mäuse oder Vögel.
Dann benutzt sie ihre scharfen Krallen.

☐ die Krähe ☐ die Kruste ☐ die Katze

▶ Hier sind zwei Texte durcheinandergeraten.
Unterstreiche mit zwei verschiedenen Farben.

Der See ist zugefroren und es ist bitterkalt.

Es ist warm und der See glitzert türkisblau in der Sonne.

Überall liegt Schnee: auf den Bäumen, auf den Wiesen und auf den Dächern.

Die Bäume und die Wiesen sind grün.

Endlich kann man Schlitten fahren.

Endlich kann man baden, grillen und viel Eis essen.

Ist der Sommer nicht toll?

Ist der Winter nicht toll?

Anoki sitzt gerne in der Sonne und betrachtet seinen Schatten.
Sein Freund Paco versucht, Anokis Schatten abzuzeichnen.
Das ist ganz schön schwer.

▶ Nur ein Schattenbild ist richtig. Vergleiche und kreuze an.

Lösung: Schattenbild Nr. 2

▶ Welches Wort ist richtig? Kreuze an.

☒ Sofakissen

☐ Sefakissen

☐ Pustkarte

☐ Postkarte

☐ Würfelspiel

☐ Würkelspiel

☐ Badewanne

☐ Badewunne

☐ Schokolade

☐ Schokolabe

☐ Ginaffe

☐ Giraffe

☐ Regenboegn

☐ Regenbogen

☐ Spinnenbrin

☐ Spinnenbein

☐ Topfkuchen

☐ Topfluchen

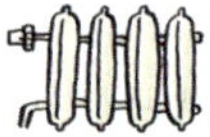

☐ Heizunj

☐ Heizung

☐ Sonnenschein

☐ Sonnenschien

☐ Flugzeug

☐ Flugzueg

Arbeitshefte Englisch

Word Trainer 1/2	161047
Word Trainer 3	161048
Word Trainer 4	161049
Comics and Stories 3/4	161050
Fif for Five 4	161051
Englisch Förd. + Inkl. 3	161052
Englisch Förd. + Inkl. 4	161053

Arbeitshefte Sachunterricht

Haustiere 1/2	161057

Arbeitshefte Mathematik

Richtig rechnen A Förd. + Inkl.	160022
Richtig rechnen B Förd. + Inkl.	160023
Richtig rechnen C Förd. + Inkl.	160024
Richtig rechnen D Förd. + Inkl.	160025
Richtig rechnen E Förd. + Inkl.	160026
Richtig rechnen F Förd. + Inkl.	160028
Richtig rechnen G Förd. + Inkl.	160029
Richtig rechnen H Förd. + Inkl.	160030
Paket Rechnen Förd. + Inkl. A+B	160037
Paket Rechnen Förd. + Inkl. C+D	160038
Paket Rechnen Förd. + Inkl. E+F	160039
Paket Rechnen Förd. + Inkl. G+H	160040

Richtig rechnen 1	160991
Richtig rechnen 2	160992
Richtig rechnen 3	160993
Richtig rechnen 4	160994
Geometrie 1/2	160018
Geometrie 3	160019
Geometrie 4	160020

Ziffern richtig schreiben 1	161021
Sachrechnen 1/2	160014
Sachrechnen 3	160015
Sachrechnen 4	160016

Jedes Heft nur 2,95 €

Alle Pakete nur 5,25€

passend zu allen Heften

Stempel Anoki		
	161025	€ 3,95

Klett

Meine Indianerhefte

Arbeitshefte Anfangsunterricht

Fit für den Schulanfang	161016
Buchstaben ud Laute 1/2	160995
Grundschrift schreiben 1/2	161013
Druckschrift schreiben 1/2	161000
Schreiben in VA 1/2	160997
Schreiben in LA 1/2	160998
Schreiben in SAS 1/2	160999
Schreiben zu Bildern A 1/2	160996
Schreiben zu Bildern B 1/2	161014
Paket Schr. zu Bildern A+B 1/2	161024

Arbeitshefte Richtig schreiben

Grundwortschatz üben 1/2	161041
Grundwortschatz üben 3/4	161042
Richtig schreiben 1	161015
Richtig schreiben 2	161007
Richtig schreiben 3	161010
Richtig schreiben 4	161011
Grammatik üben 2	161026
Grammatik üben 3	161027
Grammatik üben 4	161028
Mit dem Wörterbuch üben 1/2	161043
Mit dem Wörterbuch üben 3/4	161044
Richtig schreiben Förd. + Inkl. A	161029
Richtig schreiben Förd. + Inkl. B	161030
Richtig schreiben Förd. + Inkl. C	161031
Deutsch für Profis 2	161035
Deutsch für Profis 3	161036
Deutsch für Profis 4	161037

Arbeitshefte Lesen

Lesen A 1/2	161001
Lesen B 1/2	161002
Lesen C 1/2	161003
Lesen D 1/2	161004
Lesen E 1/2	161018
Lesen F 1/2	161019
Lesen 3	161005
Lesen 4	161006
Indianergeschichten 1/2	161045
Abenteuergeschichten 3/4	161046
Lesen A 1/2 Förd. + Inklusion	161020
Lesen B 2/3 Förd. + Inklusion	161032
Lesen C 3/4 Förd. + Inklusion	161033
Lesen D 3/4 Förd. + Inklusion	161034
Paket Lesen A+B 1/2	161021
Paket Lesen C+D 1/2	161022
Paket Lesen E+F 1/2	161023

Arbeitshefte Texte schreiben

Texte schreiben 2	161008
Texte schreiben 3	161009
Texte schreiben 4	161012

Jedes Heft nur 2,95 €

Alle Pakete nur 5,25€

Alle Hefte sind bestellbar auf www.klett.de

▶ Welches Wort ist richtig? Kreuze an.

- ☐ Hasenkäfig
- ☐ Hasenkägig

- ☐ Eisunbahn
- ☐ Eisenbahn

- ☐ Fußball
- ☐ Foßball

- ☐ Trunbeutel
- ☐ Turnbeutel

- ☐ Handtuch
- ☐ Hantduch

- ☐ Ziege
- ☐ Zeige

- ☐ Schlüssel
- ☐ Schülssel

- ☐ Stoppschlid
- ☐ Stoppschild

- ☐ Tannenbaum
- ☐ Tannenbavm

- ☐ Bettwäsche
- ☐ Bettwächse

- ☐ Bauklotz
- ☐ Bouklotz

- ☐ Tormpete
- ☐ Trompete

▶ Welcher Satz stimmt? Markiere.

Zwei Vögel sitzen auf dem Ast und singen. S
Zwei Vögel schwitzen auf dem Mast und ringen. T

Beim Zahnarzt muss Jonas seine Pläne zeichnen. A
Beim Zahnarzt muss Jonas seine Zähne zeigen. O

Am Morgen bittet Mutter um die Butter. N
Am Morgen badet Mutter um die Butter. R

Im Wald geht Jan mit seinem Hund spazieren. N
Im Wald geht Jan mit seinem Hund telefonieren. K

Auf meiner Straße kann ich gut kriechen. N
Mit meiner Nase kann ich gut riechen. E

Lösungswort: ___ ___ ___ ___ ___

▶ Welcher Satz stimmt? Markiere.

Unter der Hecke schwitzt eine Decke.	T
Unter der Hecke sitzt eine Schnecke.	W
Onkel Gerhard muss bei Rot an der Ampel warten.	O
Onkel Gerhard muss im Boot an der Ampel starten.	U
Die schwarze Katze fliegt faul auf das Sofa und schmatzt.	M
Die schwarze Katze liegt faul auf dem Sofa und schläft.	L
Die Kinder freuen sich heute auf das Schulfest.	K
Die Kinder freuen sich heute auf das Schaffell.	S
Im Herbst fallen viele bunte Blätter von den Bäumen.	E
Im Herbst fallen viele runde Bretter von den Zäunen.	A

Lösungswort: ___ ___ ___ ___ ___

▶ Verbinde.

In meiner Klasse gibt es	Salz und Pfeffer.
Ich würze mein Essen mit	Mädchen und Jungen.
Meine Eltern sind	Königin und König.
Im alten Schloss wohnen	Mutter und Vater.

In Büchern stehen	Blitz und Donner.
Bei Gewitter gibt es	Sonne, Mond und Sterne.
Am Strand gibt es	Wörter und Sätze.
Am Himmel stehen	Wasser und Sand.

▶ Verbinde.

Eine Treppe hat	Kerne und einen Stiel.
Ein Apfel hat	Gläser und Bügel.
Eine Blume hat	Stufen und Geländer.
Eine Brille hat	Blüten und Blätter.

Eine Woche hat	Schnee und Eis.
Ein Jahr hat	sieben Tage.
Im Herbst gibt es	vier Jahreszeiten.
Im Winter gibt es	Äpfel und Nüsse.

▶ Was stimmt? Kreuze an.

		ja	nein
Ameisen springen höher als Katzen.	K	☐	☐
Vögel sprechen gut Englisch.	O	☐	☐
Im Frühling blühen die Bäume.	M	☐	☐
Flugzeuge schwimmen besser als Fische.	P	☐	☐
Tische machen schöne Musik.	E	☐	☐
Im Sommer ist der See zugefroren.	R	☐	☐
Katzen putzen oft ihr Fell.	O	☐	☐
Viele Vögel fliegen im Herbst in den Süden.	N	☐	☐
Drachen fliegen nur bei Wind.	D	☐	☐
Pinguine fahren mit dem Bus in die Ferien.	T	☐	☐

Die Buchstaben der richtigen Sätze ergeben ein **Lösungswort:** ___ ___ ___ ___

▶ Was stimmt? Kreuze an.

		ja	nein
Wolken sind so grün wie Gras.	T	☐	☐
Pilze können giftig sein.	M	☐	☐
Ein Apfel ist größer als eine Weintraube.	A	☐	☐
Ein richtiger Fußball hat vier Ecken.	N	☐	☐
Glas ist durchsichtiger als Holz.	U	☐	☐
Käse wird aus Saft gemacht.	B	☐	☐
Giraffen schreiben schöne Gedichte.	I	☐	☐
Bienen stellen Honig her.	S	☐	☐
Auf Melonen kann man reiten.	C	☐	☐
Elefanten spielen gut Trompete.	H	☐	☐

Die Buchstaben der richtigen Sätze ergeben ein **Lösungswort:** ___ ___ ___ ___

▶ Was ist es? Kreuze an.

Sie hat drei Lichter.
Wenn ihr Licht grün ist, dürfen Autos, Motorräder,
Lastwagen und Fahrräder fahren.
Wenn ihr Licht rot ist, müssen alle warten.

☐ die Antwort ☐ die Amsel ☐ die Ampel

Du siehst auf ihr immer Zahlen.
Sie hängt oft an der Wand.
Manche Menschen tragen sie am Arm.
Sie sieht immer wieder anders aus.

☐ eine Kette ☐ eine Uhr ☐ eine Waage

▶ Was ist es? Kreuze an.

Sie hat keinen Schalter,
aber du kannst mit ihr Licht machen.
Ein Lufthauch reicht und ihr Licht erlischt.
Sie besteht aus Wachs.

☐ eine Katze ☐ eine Taschenlampe ☐ eine Kerze

Sie ist lang und schlank und oft durchsichtig.
Meistens ist sie aus Glas.
Oft steht sie mit anderen zusammen in einer Kiste.
Wenn du sie aufmachen willst,
musst du oben an ihrem Verschluss drehen.

☐ eine Flasche ☐ eine Tasche ☐ eine Tüte

▶ Lies den Text und kreuze an.

Lieber Anton, 29. Juli

viele Grüße aus Afrika.
Hier ist es richtig aufregend.
Ich habe schon Leoparden,
Löwen und Nashörner gesehen.
Einmal schwamm ein Krokodil direkt
neben unserem Boot.
Ich hatte fürchterliche Angst!
Gestern durfte ich auf einem Elefanten
reiten.
Das hat so geschaukelt, dass mir richtig
übel war ...
Was machst du in den Ferien so?

Liebe Grüße
deine Sarah

An
Anton Schustermann
Krokusweg 36
10155 Berlin

		ja	nein
Die Karte ist von Sandra.	S	☐	☒
Sarah macht gerade Urlaub in Amerika.	A	☐	☐
Sarah hat schon Löwen gesehen.	P	☐	☐
Das Krokodil schwamm weit weg vom Boot.	I	☐	☐
Sarah hatte Angst vor dem Krokodil.	O	☐	☐
Sarah war übel, weil der Elefant so geschaukelt hat.	S	☐	☐
Der Karte wurde am 28. Juli geschrieben.	N	☐	☐
Anton wohnt in Berlin.	T	☐	☐
Anton heißt mit Nachnamen Schussmann.	M	☐	☐

Die Buchstaben der richtigen Sätze ergeben ein **Lösungswort:** ___ ___ ___ ___

▶ Hier sind zwei Texte durcheinandergeraten.
Unterstreiche mit zwei verschiedenen Farben.

Wir haben zwei Wellensittiche als Haustiere.

Heute ist ein ganz besonderer Tag für Katharina.

Manky ist ein Männchen und hat ein blau-weißes Gefieder.

Ihre Eltern und sie fahren heute ins Tierheim und holen ihren Hund ab.

Sunny ist ein Weibchen mit gelbem Gefieder und einem grünen Schwanz.

Sie sitzen gerne bei mir auf der Schulter und singen den ganzen Tag.

Es ist ein kleiner schwarzer Hund mit großen braunen Augen.

Katharina will ihn Benno nennen und ihm Kunststücke beibringen.

▶ Suche sieben Unterschiede. Kreise sie auf dem rechten Bild ein.

Lösung: Kreis, Kaktus, Dreieck, Quadrat, 2x Fisch, Raute

▶ Streiche das falsche Wort durch.

Jonas hat sich erschrocken erkältet.

Seit zwei Toren Tagen kann er nicht zur Schule gehen.

Er hat Husten, Schnupfen und fantastische fürchterliche Kopfschmerzen.

Gestern war Jonas mit Mama beim Apfel Arzt Dr. Honigweiß.

Er hat ihm Ringe Ruhe, Schlaf und viel Tee verordnet.

Mama entdeckt erzählt ihm lustige Geschichten.

Immer wieder fallen Jonas dabei die Autos Augen zu.

Gestern waren Jonas Freunde Paul und Marvin dünn da.

Sie haben Jonas die Hausaufgaben gesungen gebracht.

Wie gut gerne hätte er mit den beiden gespielt!

Hoffentlich ist er bald wieder gefährlich gesund!

▶ Streiche das falsche Wort durch.

Janine hat ein Gemüse Geheimnis, das sie niemandem verrät.

Sie kriegt kann Dinge schweben oder verschwinden lassen.

Manchmal merkt macht sie das auch in der Schule.

Wenn sie jemanden nicht malt mag, zaubert sie sein Heft weg.

Dann grinst sie, wenn derjenige es übrig überall sucht.

Wenn Janine aufräumt, zaubert zwinkert sie auch.

Sie spitzt sitzt auf ihrem Bett und macht Ordnung, ohne sich zu bewegen.

Spielzeuge lässt sie mühelos an ihren Planet Platz zurückschweben.

Staub und Müll werden unglücklich unsichtbar gemacht.

Nur Hausaufgaben kann sie leider nicht zählen zaubern.

Die muss Janine selbst erlegen erledigen.

▶ Setze Trennstriche und kreuze den sinnvollen Satz an.

DIE|MAUS|GEHT|IN|DAS|MUSEUM. U ☐
DIE|MAUS|GUCKT|AUS|DEM|MAUSELOCH. P ☒

INDERNACHTISTDIEEULEWACH. F ☐
INDERNACHTBADETDIEEULEIMBACH. S ☐

DERFROSCHQUAKTLAUTAMTEICH. E ☐
DERFROSCHISTLAUTUNDREICH. P ☐

DERJUNGESTREITETAUFEINEMHERD. M ☐
DERJUNGEREITETAUFEINEMPFERD. R ☐

INDERTASCHEFÄHRTEINBOOT. A ☐
INDERTASCHEISTEINBROT. D ☐

Lösungswort: P ___ ___ ___ ___

▶ Setze Trennstriche und kreuze den sinnvollen Satz an.

VORDEMHAUSSTEHTEINHOHERBAUM.	K	☐
VORDEMHAUSLIEGTEINKLEINERTRAUM.	M	☐

BEISTURMBLÄSTDERWINDGERNQUARK.	E	☐
BEISTURMBLÄSTDERWINDSEHRSTARK.	A	☐

DIEKATZEPFLANZTINDIEERDEEINEKNOLLE.	L	☐
DIEKATZESPIELTMITEINEMBALLAUSWOLLE.	T	☐

AUFDEMSPIELPLATZSTEHENVIELERINDER.	Y	☐
AUFDEMSPIELPLATZSPIELENVIELEKINDER.	Z	☐

EINFLUGZEUGFLIEGTHOCHINDERLUFT.	E	☐
EINFLUGZEUGSINGTEINFRÖHLICHESLIED.	R	☐

Lösungswort: ___ ___ ___ ___ ___

▶ Verbinde.

Wer bist du?	Oh, ich bin schon 11 Jahre alt.
Wie alt bist du?	Ich bin Kater Jimmy.
Was machst du am liebsten?	Ich schlafe ungefähr 15 Stunden.
Wie lange schläfst du?	Am allerliebsten fresse ich.
Wann schläfst du?	Ich spiele gern mit Wollknäueln.
Womit spielst du gerne?	Ich schlafe vor allem am Tag.

▶ Verbinde.

Wie heißt du?	Ich wohne in Hamburg.
Wie alt bist du?	Ich bin 8 Jahre alt.
Wo wohnst du?	Er heißt Oskar.
Hast du Haustiere?	Mein Name ist Alexander.
Wie heißt dein Hund?	Ja, ich habe einen Dackel.
Hast du Geschwister?	Am liebsten esse ich Spagetti.
Was machst du gern?	Ich habe eine große Schwester.
Was ist dein Lieblingsgericht?	Ich spiele gern Fußball.

▶ Was stimmt? Kreuze an.

		ja	nein
Eine Katze ist kleiner als ein Tiger.	E	☐	☐
Am Nordpol ist die Sonne grün.	L	☐	☐
Im März fallen die Blätter von den Bäumen.	S	☐	☐
Ein Quadrat hat vier Ecken.	U	☐	☐
Eine schlaue Schlange trägt eine Brille.	N	☐	☐
Eine Suppe ist wärmer als ein Eis.	L	☐	☐
Feuer ist heißer als Schnee.	E	☐	☐
Ein Nilpferd ist dünner als eine Ameise.	T	☐	☐
Wolken sind blau-weiß gestreift.	E	☐	☐
Mit Stiefeln kann man gut schwimmen.	N	☐	☐

Die Buchstaben der richtigen Sätze ergeben ein **Lösungswort:** ___ ___ ___ ___

▶ Was stimmt das? Kreuze an.

		ja	nein
Äpfel wachsen an Bäumen.	H	☐	☐
Kühe krähen lauter als Hühner.	S	☐	☐
Ein Elefant hat mehr Beine als ein Hund.	U	☐	☐
Schöne Lieder singt man mit dem Kochtopf.	T	☐	☐
Kakteen gibt es in der Wüste.	A	☐	☐
Von zu viel Sonne bekommt man Sonnenbrand.	U	☐	☐
Im Museum kann man schöne Socken kaufen.	Z	☐	☐
Steine sind so weich wie Betten.	E	☐	☐
Flugzeuge fliegen höher als Bienen.	S	☐	☐
Käfer haben einen längeren Hals als Giraffen.	N	☐	☐

Die Buchstaben der richtigen Sätze ergeben ein **Lösungswort:** ___ ___ ___ ___

▶ Was bin ich? Kreuze an.

Wenn es kalt ist, brauchst du mich.
Mich gibt es aus Wolle, Flies oder sogar aus Fell.
Ich wärme deine Ohren und deinen Kopf. Ich bin ...

☐ ein Schal. ☐ eine Pfütze. ☐ eine Mütze.

Ich habe vier Beine, aber kein Fell.
Jeder von euch hat mich bei sich zu Hause.
Oft bin ich aus Holz.
Die Menschen sitzen an mir, wenn sie essen. Ich bin ...

☐ eine Tafel. ☐ ein Fisch. ☐ ein Tisch.

▶ Was bin ich? Kreuze an.

Ich bringe dir Wärme.
Ich bin nicht jeden Tag da.
Manchmal verdecken mich die Wolken. Ich bin ...

☐ der Himmel. ☐ die Sonne. ☐ der Ofen.

Ich wohne in deinem Mund und helfe dir beim Essen.
Ich bin weiß und ganz schön scharf.
Du musst mich gründlich putzen.
Ich bin ...

☐ ein Zaun. ☐ ein Zahn. ☐ ein Messer.

▶ Lies und kreuze an.

Liebe Meliha,

bald habe ich Geburtstag und werde 8 Jahre alt.
Ich möchte dich zu meiner Geburtstagsfeier einladen.
Sie findet am Samstag, den 19. April, um 15 Uhr statt.
Gefeiert wird bei mir zu Hause in der Jakobstraße 17c.
Bitte bring gute Laune, feste Schuhe und Regensachen mit.
Wir wollen eine Schatzsuche machen und in den Wald gehen.
Am Abend machen wir Pizza.
Um 19 Uhr endet die Feier.
Ich freue mich auf dich.

Liebe Grüße
dein Noah

		ja	nein
Noah lädt Maria zum Geburtstag ein.	S	☐	☐
Noah wird 8 Jahre alt.	F	☐	☐
Die Feier findet am Sonntag, den 19. April, statt.	P	☐	☐
Die Feier beginnt um 16 Uhr.	I	☐	☐
Noah wohnt in der Jakobstraße 17b.	O	☐	☐
Meliha soll gute Laune mitbringen.	E	☐	☐
Es ist geplant, in den Garten zu gehen.	R	☐	☐
Abends wird Pizza gegessen.	S	☐	☐
Die Feier geht bis 19 Uhr.	T	☐	☐

Die Buchstaben der richtigen Sätze ergeben ein **Lösungswort:** ___ ___ ___ ___

▶ Lies und kreuze an.

Die Kinder wollen in der Schule Obstsalat machen.
Dazu muss jedes Kind etwas mitbringen.

Name	
Rafael	- 5 Äpfel, 2 Bananen
Jonas	- 1 Wassermelone
Yuna	- 2 Zitronen, 2 Äpfel, Zucker, Apfelsaft
Benjamin	- 3 Äpfel, Weintrauben
Karlotta	- 1 Ananas, 3 Bananen
Luisa	- Pflaumen, 3 Orangen
Levent	- 1 große Schüssel, 2 große Löffel

Außerdem soll jedes Kind eine kleine Schüssel und einen kleinen Löffel für sich mitbringen.

		ja	nein
Die Kinder wollen zusammen Obstsalat machen.	K	☐	☐
Benjamin bringt Pflaumen mit.	O	☐	☐
Yuna bringt Zitronen, Zucker und Orangen mit.	L	☐	☐
Rafael und Karlotta bringen Bananen mit.	I	☐	☐
Weintrauben werden von einem Mädchen mitgebracht.	E	☐	☐
Levent bringt große Löffel mit.	W	☐	☐
Jonas bringt gar nichts mit.	N	☐	☐
Rafael bringt insgesamt 6 Früchte mit.	E	☐	☐
Jedes Kind bringt eine kleine Schüssel für sich mit.	I	☐	☐

Die Buchstaben der richtigen Sätze ergeben ein **Lösungswort:** ___ ___ ___ ___

Der Medizinmann hat Anoki,
seine Freundin Muna
und sein Pferd Kleiner Pfeil verhext.

Auf den Bildern siehst du viermal
Anoki, Muna und Kleiner Pfeil.
Aber nur auf einem Bild
ist der echte Anoki, die echte Muna
und der echte Kleine Pfeil zu sehen.

▶ Vergleiche und kreuze das richtige
Bild an?

Lösung: Anoki Bild 4, Muna Bild 3, Kleiner Pfeil Bild 2

▶ Setze Trennstriche und kreuze den sinnvollen Satz an.

IMAPFELISTEINBRAUNERKERN.	K	☐
IMAPFELWEHTEINSTARKERSTURM.	L	☐
DIEMENSCHENKAUFENSCHNELLNOCHMÄUSE.	I	☐
DIEMENSCHENLAUFENSCHNELLNACHHAUSE.	E	☐
DIETASSENSTEHENALLEIMSCHRANK.	R	☐
DIETASSENSITZENAUFDERBANK.	M	☐
MORGENSLIESTOPAINDERZEITUNG.	Z	☐
MORGENSNIESTOPAINDIELEITUNG.	P	☐
INDERLIMONADESINDVIELESTERNE.	N	☐
INDERMANDARINESINDVIELEKERNE.	E	☐

Lösungswort: ___ ___ ___ ___ ___

▶ Setze Trennstriche und kreuze den sinnvollen Satz an.

VATERLENKTEINKLEINESAUTO.	S	☐
VATERLENKTEINKLEINESAUGE.	C	☐
ONKELANTONTRÄGTEINENEUEHOSE.	C	☐
ONKELANTONSCHLÄGTEINENEUEROSE.	H	☐
ZUHAUSEVERGRABENWIRGERNEÄSTE.	O	☐
ZUHAUSEHABENWIRGERNEGÄSTE.	H	☐
OMASIEHTIMWALDHOHEPREISE.	R	☐
OMASIEHTIMWALDEINEKLEINEAMEISE.	A	☐
DERBÄCKERBACKTEINLECKERESBROT.	L	☐
DERBÄCKERBACKTEINENECHTENPILOT.	X	☐

Lösungswort: ___ ___ ___ ___ ___

▶ Was bin ich? Kreuze an.

Oft entstehe ich an heißen Tagen.
Viele große Wolken verdecken den Himmel und es stürmt.
Wenn ich da bin, bringe ich Blitz und Donner mit.
Ich bin ...

☐ ein Schneesturm. ☐ ein Regenbogen. ☐ ein Gewitter.

Mich kannst du nur im Winter bauen.
Dafür musst du Kugeln machen.
Als Augen bekomme ich Kohlen und als Nase eine Karotte.
Wenn es wärmer wird, schmelze ich. Ich bin ...

☐ eine Schneeflocke. ☐ ein Schneemann. ☐ ein Schneehase.

▶ Wer bin ich? Kreuze an.

Ich bringe dich von einem Ort zum anderen.
Ich habe zwei Räder.
Manchmal ist eines platt. Dann musst du mich flicken.
Ich bin ...

☐ ein Flugzeug. ☐ ein Fahrrad. ☐ ein Motorrad.

Viele Menschen haben Angst vor mir.
Häufig sitze ich in Ecken im Keller oder auf dem Dachboden.
Dort baue ich große Netze.
Ich habe acht Beine. Ich bin ...

☐ eine Schlange. ☐ eine Spinne. ☐ eine Maus.

▶ Lies und kreuze an.

Mesut und Laila dürfen sich im Tierheim eine Katze aussuchen. Gespannt schauen sie durch das Fenster in das Katzenzimmer hinein. Sechs Katzen sind zu sehen. Aber wer ist wer? Da entdecken sie an der Wand eine Tabelle:

Name	Fellfarbe	Alter	Geschlecht
Fridolin	schwarz	2 Jahre	männlich
Kasimir	schwarz mit weißen Pfoten	1 Jahr	männlich
Pepina	rot mit Tigermuster	6 Monate	weiblich
Carlos	grau getigert	9 Monate	männlich
Nellie	weiß	1 Jahr	weiblich

		ja	nein
Carlos ist ein schwarzer Kater.	L	☐	☐
Kasimir hat weiße Pfoten.	B	☐	☐
Nellie ist schon 2 Jahre alt.	E	☐	☐
Der grau getigerte Kater ist 9 Monate alt.	A	☐	☐
Es gibt drei Kater im Tierheim.	L	☐	☐
Nellie ist eine rote Katze.	R	☐	☐
Pepina ist die jüngste Katze.	L	☐	☐
Kasimir und Carlos sind beide 1 Jahr alt.	I	☐	☐
Ein Kater heißt Jimmy.	K	☐	☐

Die Buchstaben der richtigen Sätze ergeben ein **Lösungswort:** ___ ___ ___ ___

▶ Lies den Text und kreuze an.

Was bedeuten die Punkte auf einem Marienkäfer?

Marienkäfer sind kleine rote Käfer mit schwarzen Punkten.
Fast jeder glaubt, dass die Punkte das Alter der Käfer verraten:
Also sechs Punkte bedeuten sechs Jahre.

Es gibt verschiedene Arten von Marienkäfern,
sogar welche, die gelb oder schwarz sind und welche,
die gar keine Punkte haben.
Die Anzahl der Punkte gibt dabei an,
zu welcher Art der Marienkäfer gehört.
Es gibt Arten, die 24 Punkte auf ihrem Rücken haben.
Die Punkte sind immer so angeordnet,
dass sich auf jedem Flügel gleich viele befinden.

Marienkäfer sind sehr nützlich, weil sie Schädlinge wie Blattläuse fressen.

		ja	nein
Marienkäfer sind gelbe Käfer mit schwarzen Streifen.	A	☐	☐
Viele glauben, die Punkte verraten das Alter des Käfers.	P	☐	☐
Es gibt sogar ganz blaue Marienkäfer.	L	☐	☐
Es gibt auch Marienkäfer ohne Punkte.	U	☐	☐
Jede Art hat gleich viele Punkte.	E	☐	☐
Es gibt Arten mit 24 Punkten auf dem Rücken.	N	☐	☐
Auf jedem Flügel sind gleich viele Punkte.	K	☐	☐
Marienkäfer sind Schädlinge.	M	☐	☐
Marienkäfer fressen Blattläuse.	T	☐	☐

Die Buchstaben der richtigen Sätze ergeben ein

Lösungswort: ___ ___ ___ ___ ___

Anoki hat bei einer Wanderung eine große Höhle entdeckt.
An der Wand sieht er viele Zeichen.
Er fragt sich, was sie bedeuten.
Da sieht er neben sich einen Zettel.
Dort werden die meisten Zeichen der Felsenwand erklärt.
Nur der Fisch fehlt.
Anoki kann das Rätsel lösen.
Er weiß, was an der Wand
geschrieben steht.

▶ Löse das Rätsel.

Lösung: Medizinmann, Fisch = E

1. Auflage 1 5 4 3 2 1 | 20 19 18 17 16

Alle Drucke dieser Auflage sind unverändert und können im Unterricht nebeneinander verwendet werden.
Die letzte Zahl bezeichnet das Jahr des Druckes.

Autoren: Gisela Hundertmark, Andreas Körnich, Andreas Landwehr, Katja Röhlig

Redaktion: Salomé Dick, Berlin
Herstellung: Claudia Rosch

Layoutkonzeption: know idea GmbH, Freiburg
Satz: Druckmedienzentrum Gotha GmbH, Gotha
Illustrationen: Christine Bietz, Oelerse, Gem. Edemissen; Anke Fröhlich, Leipzig; Cornelia Kurtz, Boppard; Liliane Oser, Hamburg; Wolfgang Slawski, Kiel
Umschlagillustration: Anke Fröhlich, Leipzig

Druck: AZ Druck und Datentechnik GmbH, Kempten/Allgäu

Printed in Germany
ISBN 978-3-12-161033-4

9 783121 610334